DE LA COCINA A LA MESA
EN 10 MINUTOS
3 PASOS y ¡listo!

35 RECETAS CREADAS CON LA FUNDACIÓN ALÍCIA

© Lékué, 2012
© Profit Editorial I., S.L., 2025
Amat Editorial es un sello de Profit Editorial I., S.L.
Travessera de Gràcia, 18-20, 6.º 2.ª. 08021 Barcelona

Recetas: La Fundación Alícia
Idea original y coordinación: Lékué, www.lekuecooking.com
Información nutricional: La Fundación Alícia
Dirección de arte y diseño: Nomon Design
Créditos fotográficos: Javier Mendiola
Cocinera: Amanda Laporte
Cocina y estilismo: Amanda Laporte
Asistente: Laia Roviras
Maquetación: freiredisseny.com

ISBN: 978-84-10451-37-7
Depósito legal: B 9391-2025
Primera edición: Noviembre de 2012
Segunda edición: Noviembre de 2018
Tercera edición: Junio de 2025

Impreso: Gráficas Rey
Impreso en España – *Printed in Spain*

MIXTO
Papel | Apoyando la
silvicultura responsable
FSC® C131084

DE LA COCINA A LA MESA
EN 10 MINUTOS

3 PASOS y ¡Listo!

35 RECETAS CREADAS CON LA FUNDACIÓN ALÍCIA

SUMARIO

Verduras y legumbres

Pescados

Carnes

Postres

Introducción Lékué

Todos tenemos en mente aquellas recetas tradicionales de la cocina (una tortilla, unas verduras asadas, un pescado, una carne o un bizcocho). Sin embargo muchos desconocen la manera más fácil de prepararlas, o simplemente se les hace un mundo al pensar en el tiempo que habrá que dedicar. Por eso buscamos constantemente alternativas que se adapten a nuestras necesidades, que nos ayuden a mejorar nuestra calidad de vida y, en particular, **a fomentar una alimentación saludable.**

La experiencia nos confirma que, en la cocina, lo que hacemos es tan importante como la manera en que lo llevamos a cabo. En este sentido, en esta nueva edición compartimos con la Fundación Alícia un mismo objetivo: **"facilitar el que todos comamos mejor".**

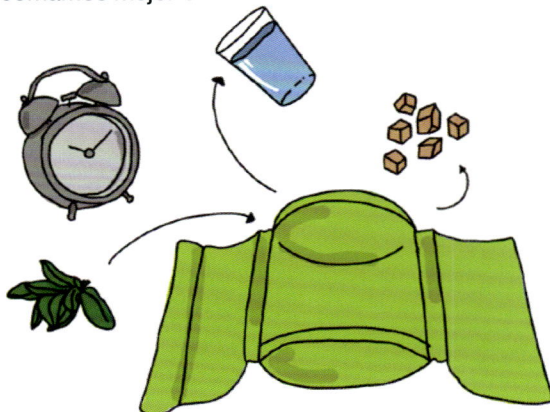

Un equipo completo de profesionales de la cocina ha elaborado para ti este nuevo recetario que garantiza una cocina rápida, limpia, segura y saludable. Una preparación que mima cada uno de los alimentos durante su cocción al microondas a fin de poder disfrutar de los sabores originales de los ingredientes de una manera diferente. **En tan sólo 10 minutos podrás incluir en tu menú semanal una lasaña de verduras o unos calamares rellenos.**

Para que la cocina sea más fácil que nunca, **el libro incluye 35 recetas para microondas con el Estuche de vapor de 1-2 personas que podrás combinar tú mismo siguiendo las raciones nutricionales recomendadas para toda la semana.** Cada receta está acompañada de trucos y consejos que te ayudarán a conseguir el resultado deseado. Además, conocerás en cada momento el consumo de los tres grupos de alimentos que harás con cada receta (véase página 14).

Desde Lékué y la Fundación Alícia hemos trabajado para presentar recetas adaptadas a los nuevos tiempos. Para ello hemos contado con los mejores cocineros, químicos, tecnólogos de alimentos, nutricionistas y diseñadores. Todos ellos han trabajado bajo un mismo parámetro: conseguir que la cocina sea una experiencia gastronómica que seduzca los paladares de todas aquellas personas que se inician en la cocina y las que, sin descuidar la buena alimentación, valoran su tiempo.

Una cocina bien equipada

Para la elaboración de tus recetas del día a día necesitas unos básicos que no pueden faltar en tu cocina. Con muy pocos elementos podrás crear menús sanos, rápidos de preparar y económicos. No hace falta tener muchos utensilios para disfrutar cocinando, sólo necesitas:

- **Cubertería:** es importante disponer de cuchillos, cucharas y tenedores. Un cuchillo bien afilado hace que la cocina sea un lugar más fácil.

- **Tablas de corte:** fáciles de limpiar y resistentes. Recuerda usar la tabla en función del grupo de alimentos: carnes, pescados o verduras. Puedes usar un color de tabla para cada grupo de alimentos o bien limpiarlas cada vez.

- **Bol:** para hacer nuestras mezclas.

- **Batidor de varillas, espumadera** y **espátula.**

- **Estuche de vapor,** para cocinar pescados, carnes, verduras, etc., o bien **Ogya** para cocinar productos con más volumen, como cremas o sopas.

- **Recipientes para conservación:** es indispensable disponer de recipientes que te permitan una correcta conservación de los alimentos, ya sea en la nevera o en el congelador como el Portion Saver.

- Otros utensilios recomendables: **pinceles, lenguas**, etc.

Una vez equipados, antes de empezar a cocinar debes hacerte con un kit básico de ingredientes indispensables. Aquí tienes **tu primera lista de la compra:**

En la despensa:

- Cereales: arroz, harina, pastas (macarrones, espagueti, fusile, pasta de sopa, etc).

- Legumbres: garbanzos, lentejas, alubias cocidas.

- Frutos secos: almendras, avellanas tostadas, nueces, cacahuetes, etc.

- Aceite de oliva: a poder ser, virgen extra, que tiene más aromas y es más saludable.

- Salsas y condimentos: sal, vinagre, salsa de soja, mostaza, mayonesa y salsa de tomate.

- Hierbas secas y especias básicas: pimienta, pimentón, nuez moscada, curry, orégano, albahaca y hierbas provenzales.

- Dulces: azúcar, chocolate, mermeladas y miel.

- Productos en conserva: tomate frito, atún y sardinas.

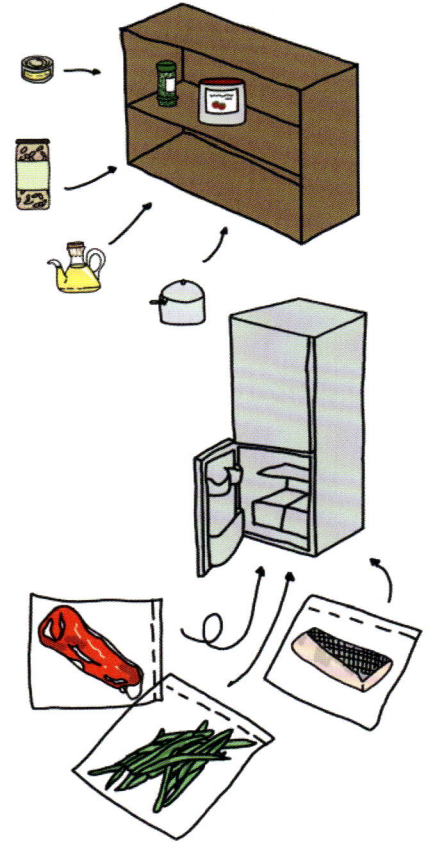

En el congelador:

- Verduras: espinacas, guisantes, judías, salteado de verduras, ajo y perejil picados.

- Carnes: pollo, pavo, hamburguesa, lomo de cerdo, salchichas y bistec.

- Pescados: salmón, lenguado, bacalao, langostinos, calamares y merluza.

- Caldos, salsas y cremas.

Recuerda que todo debe guardarse en el interior de recipientes cerrados adecuados, a fin de evitar que los alimentos se deterioren o adquieran olores desagradables.

El tiempo máximo de conservación de un **producto fresco que vamos a congelar será de tres meses.** Es muy importante, además, no descongelar a temperatura ambiente (es preferible hacerlo siempre en refrigeración) y recalentar asegurándonos que la temperatura del alimento sea suficiente.

Sigue las recetas del libro o da rienda suelta a tu imaginación. En tu casa tienes toda la libertad para experimentar nuevas combinaciones, tiempos de cocción y ¡presentaciones atrevidas! Poco a poco irás descubriendo lo que funciona y entrenarás tu **paladar mental** hasta que un día seas capaz de crear nuevos platos y saber si tendrán éxito sin tan siquiera probarlos. **¡En la cocina está prohibido prohibir!**

La compra inteligente

Comprar es una parte muy importante del acto de cocinar. De hecho, empezamos a cocinar en el momento de ir a comprar. Por ello, el resultado final de nuestros platos dependerá en buena medida de nuestra pericia en la compra.

Aquí te damos algunos consejos útiles para ir a comprar y conseguir el mejor producto:

Fruta y verdura:

- Fíjate siempre en el origen y la estacionalidad; así tendrás fruta y verdura más sabrosa, y ahorrarás en tu compra.

- Desconfía de las frutas y verduras perfectas:

  - Busca las manzanas con esas leves manchas estriadas cerca del rabillo.

  - Escoge los plátanos con motitas negras: son muy dulces.

  - Las peras con manchitas marrones son más jugosas y tiernas.

  - Busca mandarinas y naranjas que conserven sus hojas, ya que éstas indican que la fruta es fresca.

  - Los calabacines pequeños son los más gustosos porque contienen menos agua.

  - Las lechugas con más hojas verdes (romana, trocadero, etc.) tienen más vitamina C.

- Trucos para piezas grandes:

  - Melón: presiona con los dedos pulgares por los dos extremos; cuanto más blando, más maduro.

  - Piña: tira de una de sus hojas centrales y, si sale con facilidad, es que está en su punto.

Pescado:

¿Cómo puedes reconocer su calidad?

  - Los ojos salidos y brillantes indican mayor frescura.

  - En pescados pequeños (sardina, salmonete o pescadilla) fíjate en que estén duros y tersos, ya que eso nos indica que son los más frescos.

- Pregunta por su procedencia: cuanto más cercano, más fresco y más sostenible. Habla con el pescadero: será tu mejor profesor.

Carne:

- Compra preferiblemente carnes brillantes y de colores vivos frente a las mates y oscuras.

- Pide en la carnicería que te piquen la carne para las hamburguesas: serán más frescas y podrás elegir la parte que prefieras.

- Cuando compres carne envasada, fíjate en el precio por kilo. Cuanto más elaborada esté (fileteada, troceada, empanada, etc.), más costará.

- En el vacuno, las piezas que tienen más grasa intercalada en la carne serán las más tiernas. ¡Ojo, no te confundas con los nervios!

Comprando huevos:

¿Sabías que el primer número del código de los huevos indica el modo de cría de las gallinas?

3: Gallinas criadas en jaulas, con movilidad prácticamente nula.

2: Gallinas criadas en suelo, por donde se mueven libremente, dentro de una nave.

1: Gallinas camperas criadas en naves, pero con posibilidad de salir al aire libre.

0: Gallinas de producción ecológica.

Tras este número aparece el código de dos letras del país de la Unión Europea del que proceden.

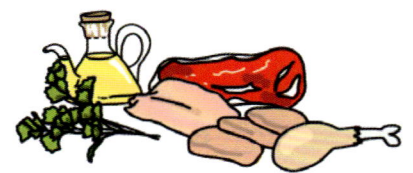 

Finalmente, aquí tienes un repaso al decálogo de la buena compra:

1. **No es recomendable ir a comprar con hambre,** para evitar tentaciones.

2. **Planifica tus comidas,** no te dejes llevar por los impulsos y piensa antes de comprar.

3. **La lista de la compra es tu chuleta para el examen.** Anota en ella los productos que necesitas.

4. **Familiarízate con la distribución de los productos en el mercado o supermercado:** coge lo más pesado al principio y lo congelado al final. Como ocurría en la Prehistoria, cuando sales a por alimentos hay que ser ágil y estar atento. ¡Ya pasearás cuando vayas de tiendas!

5. **Utiliza internet:** es cómodo, te ahorra tiempo y te permite comparar precios.

6. **Compara precios:** fíjate en el precio por kilo de los productos.

7. **Es aconsejable comprar producto fresco,** de proximidad y de temporada.

8. **Ten siempre un fondo de armario:** que los productos básicos no falten en tu despensa.

9. **Compra sostenible:** evita los embalajes innecesarios, compra siempre que puedas a granel y fíjate en la procedencia de los productos.

10. **Disfruta del mercado y de las tiendas especializadas:** habla con los tenderos y pídeles que te preparen la carne o el pescado para cocinar.

Trucos para cocinar al microondas

Para cocinar en el microondas con el Estuche de vapor te irá muy bien conocer unos trucos imprescindibles que harán tus platos aún más atractivos:

Cocinando carnes y pescados:

- Los tiempos de cocción son muy cortos. Esto se debe a que su principal componente, las proteínas, son muy sensibles a los cambios de temperatura y se cuecen muy rápidamente.

- Es recomendable que no alargues las cocciones y en cambio des un minuto de reposo final con el Estuche cerrado. **(Véanse los tiempos de cocción en la tabla de la página 14.)**

- Utiliza la rejilla con 2-3 cucharadas de agua debajo para ayudar a hidratar el pescado y la carne sin que se remojen con el agua de cocción. También puedes añadir romero o hierbas provenzales para aromatizar.

- También puedes cocinar las carnes con salsas y sin rejilla: nos ayudará a enternecerlas.

Consejos generales:

- El Estuche de vapor nos ayuda a uniformizar la temperatura gracias al efecto del vapor que se genera en su interior. Esto nos ayuda a mantener los alimentos más hidratados y jugosos.

- La cocción en los extremos del Estuche es más intensa que en el centro, así que procura poner las partes más gruesas de las piezas en la parte exterior y las más delgadas en la zona central.

- En general no es necesario añadir aceite para la cocción. Puedes añadirlo en crudo al final o hacerlo, si lo prefieres, durante la cocción para aumentar el sabor de tus platos.

Cocinando verduras y frutas:

- Las fibras de las verduras y las frutas hacen que, en general, su tiempo de cocción sea más largo que el de carnes y pescados debido a que se necesita más temperatura para romperlas.

- Añade 2-3 cucharadas de agua con las verduras antes de empezar a cocerlas, ya que ayudará a su hidratación.

- El color final de las verduras cocidas en el microondas es más intenso que tras el hervido tradicional. Eso no significa que estén más crudas, sino que este tipo de cocción ocasiona una menor pérdida de color, vitaminas y minerales.

Microondas. ¡Recuerda!

- **Cada microondas es diferente.** Comprueba la cocción del producto y añade más tiempo en función del gusto si te parece que aún no está suficientemente cocido.

- El tiempo de cocción aumenta con la cantidad de alimento que quieras cocinar: para el doble de cantidad, calcula el doble de tiempo menos 1 o 2 minutos.

- Si tienes producto congelado, puedes descongelarlo primero en el mismo Estuche con la función de descongelación de tu microondas o a potencia mínima, y luego seguir los tiempos dados.

Y para los amantes de la cocción en el horno. ¡Recuerda!

- **No todos los alimentos se cuecen a la misma temperatura,** debido a su diferente composición.

- El tiempo de cocción no aumenta con la cantidad de alimento. Ejemplo: una patata y dos patatas necesitan el mismo tiempo.

- Debido al tipo de cocción, los tiempos de cocción son más largos que en el microondas.

Esta tabla nos resume los tiempos de cocción al horno y microondas en el Estuche de vapor:

Alimento	Recomendación	Cantidad	Microondas (800 W)	Horno (°C/t)
Verduras y féculas				
Alcachofas (corazón)	2 cda. de agua	2 unidades	4'	180 °C, 45'
Berenjena	1 cda. de agua	100 g	4'	180 °C, 45'
Brócoli	2 cda. de agua	100 g	3'	180 °C, 45'
Calabacín	2 cda. de agua	100 g	7'	180 °C, 30'
Cebolla (base sofrito)	1 cda. de agua + 1 cda. de aceite	40 g	3'	180 °C, 30'
Champiñones	Uso rejilla	100 g	2'	180 °C, 30'
Espárragos verdes	1 cda. de agua	100 g	4'	180 °C, 25'
Guisantes congelados	Cocinar congelados	100 g	3'	180 °C, 25'
Judía verde	2 cda. de agua	100 g	4'	180 °C, 35'
Patata (mitad)	4 cda. de agua	1 unidad mediana	9'	180 °C, 45'
Pimiento rojo	1 cda. de agua	100 g	4'	180 °C, 30'
Puerros	1 cda. de agua + 1 cda. de aceite	1 unidad	6'	180 °C, 40'
Tomate (mitad)	-	1 unidad mediana	1' 30"	180 °C, 30'
Zanahoria	2 cda. de agua	100 g	3'	180 °C, 35'
Productos del mar				
Almejas	Rejilla con 2 cda. de agua	150 g	2'	160 °C, 30'
Caballa	Rejilla con 2 cda. de agua	125 g	1' 30" + 1' reposo	160 °C, 15'
Calamar	Rejilla con 2 cda. de agua	1 unidad	2'	160 °C, 30'
Dorada	Rejilla con 2 cda. de agua	125 g	1' 30" + 1' reposo	160 °C, 15'
Langostinos	Rejilla con 2 cda. de agua	6 unidades	2'	160 °C, 20'
Lenguado (filetes)	Rejilla con 2 cda. de agua	125 g	1' 30" + 1' reposo	160 °C, 10'
Lubina	Rejilla con 2 cda. de agua	125 g	1' 30" + 1' reposo	160 °C, 15'
Merluza	Rejilla con 2 cda. de agua	125 g	1' 30" + 1' reposo	160 °C, 15'
Salmón	Rejilla con 2 cda. de agua	125 g	1' 30" + 1' reposo	160 °C, 15'
Sepia	Rejilla con 2 cda. de agua	1 unidad	2'	160 °C, 20'
Carnes				
Butifarra	Rejilla con 2 cda. de agua	1 unidad	2' + 30" reposo	180 °C, 40'
Hamburguesa	Rejilla con 2 cda. de agua	100 g	2' + 30" reposo	180 °C, 20'
Lomo de cerdo	Rejilla con 2 cda. de agua	100 g	2' + 30" reposo	180 °C, 15'
Muslo de pollo	Rejilla con 2 cda. de agua	100 g	2' + 30" reposo	180 °C, 45'
Pechuga de pavo	Rejilla con 2 cda. de agua	100 g	2' + 30" reposo	180 °C, 20'
Ternera a tiras	Rejilla con 2 cda. de agua	100 g	2' + 30" reposo	180 °C, 25'
Fruta				
Higos	Uso rejilla	2 unidades	1' 30"	180 °C, 30'
Peras	A dados	100 g	4'	180 °C, 25'
Piña	Rodajas	100 g	4'	180 °C, 40'

¿Qué es la silicona platino?

La silicona platino es un tipo de silicona que sólo utiliza el platino (metal noble) como catalizador, lo que la hace totalmente inodora, antibacteriana y **resistente a las altas y bajas temperaturas.**

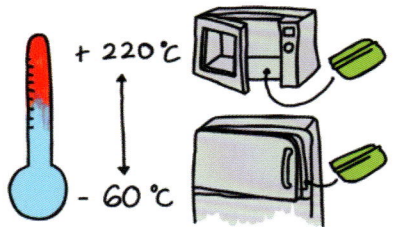

Por ello resulta perfecta y absolutamente segura para utilizar en productos de material quirúrgico-sanitario, prótesis e implantes médicos y **tetinas de biberón.**

Puesto que tampoco altera el sabor ni deja residuos, también es ideal para la fabricación de moldes y utensilios en contacto con la comida, como es el caso de los productos Lékué.

Además, sus propiedades antiadherentes **facilitan el desmoldeo,** por lo que no necesitan engrasado y se elimina el uso excesivo de mantequillas y aceites, lo que permite una cocción un poco más sana, sin grasas añadidas.

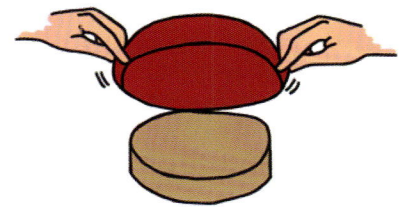

Para más seguridad, Lékué aplica estrictos controles de calidad para garantizar un perfecto producto final. Junto a la revisión de todos y cada uno de los productos, se realiza un proceso de horneado (postcuración) en la que los productos se someten durante cuatro horas a 215 ºC de temperatura para eliminar cualquier posible residuo, de manera que puedas **disfrutar con total tranquilidad de todas tus comidas.**

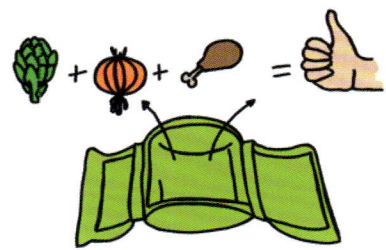

¿Comes de forma equilibrada?

Alimentarse bien significa comer de todo de forma **equilibrada, variada y adaptada** a cada individuo según su cultura y tradición alimentaria.

Para conseguirlo se recomienda realizar **cinco comidas al día**, teniendo así más opciones para incorporar alimentos de todos los grupos.

De estas cinco, una de las más importantes (y que muchas veces omitimos) es el **desayuno,** ya que nos ayuda a afrontar el día con la energía necesaria. El mejor es el compuesto por una fruta, un lácteo y un cereal (pan y derivados). Ayúdate a recordarlo con el triángulo mágico:

Para las **comidas** y **cenas,** la mejor manera de comer bien es asegurar que en el plato o platos haya siempre alimentos de los tres grupos: **V: verduras y hortalizas, F: farináceos** (pasta, arroz, patata, legumbres, etc.) o **P: proteicos** (carne, pescado, huevo, legumbres). Para beber, agua. Para cocinar y aliñar, aceite de oliva. De postre, fruta o un lácteo de vez en cuando.

¡Recuerda!

Hay que comer de todos los grupos de alimentos, pero no en la misma proporción. Por ejemplo, si vas a hacer deporte, lo que te hará gastar mucha energía, debes comer más cantidad de hidratos de carbono. En cambio, si quieres realizar una comida baja en calorías, tienes que consumir una mayor proporción de verduras.

La **merienda** nos sirve de comodín, y nos ayuda a completar la inçesta del día: una pieza de fruta si ese día no hemos tomado ninguna, un lácteo para completar la ingesta diaria, o un bocadillo si hemos gastado mucha energía durante el día.

Esta tabla resumen nos puede ayudar a recordar las raciones diarias que hay que consumir:

Alimentación saludable

Fruta	3-3,5 raciones diarias
Verdura	2 raciones diarias
Legumbres	2 a 4 raciones semanales
Lácteos	2-3 raciones diarias
Carne	3-4 raciones semanales
Pescado	3-4 raciones semanales
Pescado azul	1-2 raciones semanales
Huevos	3-4 raciones semanales

¡Recuerda!

Además, deberías realizar ejercicio físico todos los días, ya que comporta grandes beneficios en los aspectos fisiológico y psicológico.

"Respecto al consumo de precocinados refrescos y bollería, limítalos como máximo a dos veces por semana."

Verduras y legumbres

Verduras y legumbres

Champizzas

Ingredientes

 125 g de champiñones (8 unidades)

 50 g de tomate triturado

Mozzarella rallada

 Orégano

Sal

Preparación

1 Lava los champiñones y sácales el pie. Colócalos boca arriba encima de la rejilla del Estuche de vapor.

2 Rellénalos de tomate, echa un poco de sal, mozzarella rallada por encima y, finalmente, orégano.

3 Cierra el Estuche y cuece en el microondas durante 3 minutos a potencia máxima (800 W).

Consejos y trucos

- *Si lo prefieres, puedes añadir aceite de oliva en crudo para aumentar el sabor del plato.*
- *Si no tienes tomate triturado, puedes utilizar también tomate frito.*

Higos asados con queso de cabra fundido

Ingredientes

 4 higos pequeños (160 g)

 8 rodajas de queso de cabra (50 g)

 Azúcar

 Ensalada al gusto

Preparación

❶ Corta los higos por la mitad y colócalos boca arriba sobre la rejilla del Estuche de vapor. Espolvoréalos con azúcar. Cierra el Estuche y cuece en el microondas 2 minutos (800 W).

❷ Abre el Estuche y coloca una rodaja de queso de cabra encima de cada higo. Cuece 1 minuto (800 W).

❸ Prepara una mezcla de lechugas, rúcula o escarola y coloca los higos encima.

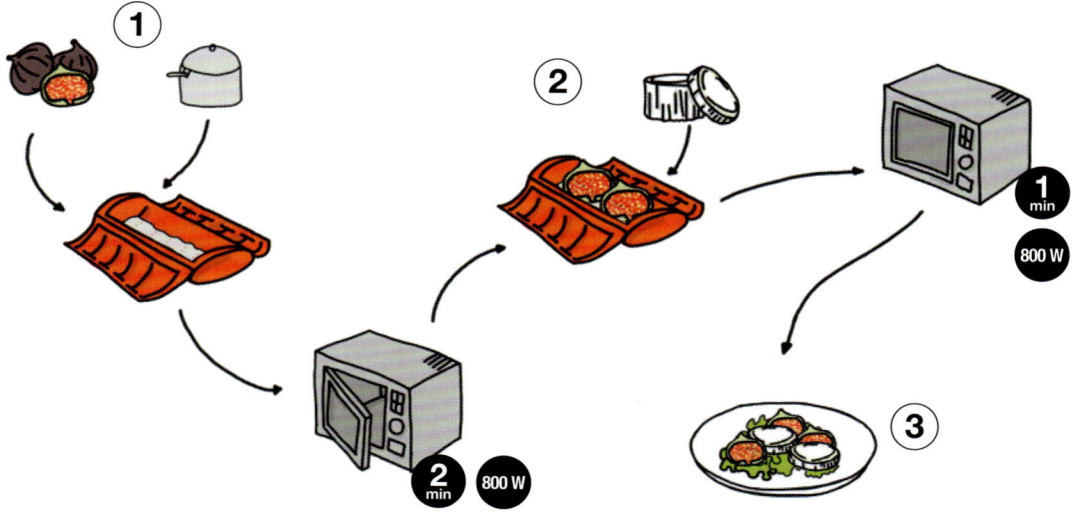

Consejos y trucos

- Acompáñalo con una vinagreta con aceite de oliva virgen extra, vinagre balsámico y piñones tostados. ¡Sírvelo caliente!
- Si no tienes queso de cabra, también puedes usar brie o cualquier otro queso cremoso.

Verduras y legumbres

Brocheta de verduras

Ingredientes

 100 g de judía verde plana

 50 g de calabacín (1/2 calabacín mediano)

 50 g de pimiento rojo (1/3 pimiento mediano)

 Sal

 2 cucharadas de agua

 2 palos de brocheta

Preparación

❶ Corta a cuadrados la judía, el calabacín y el pimiento, y ensártalos a tu gusto en las brochetas.

❷ Añade 2 cucharadas de agua en el Estuche de vapor y coloca las brochetas. Ponlas a punto de sal.

❸ Cierra el Estuche y cuece durante 4 minutos (800 W).

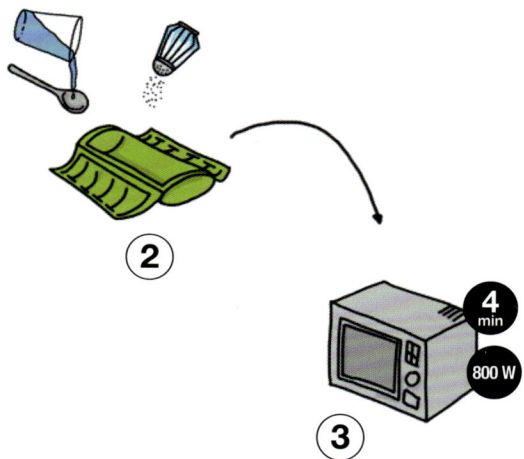

Consejos y trucos

- Si sirves las brochetas como aperitivo, combínalas con las salsas que prefieras. Aquí tienes algunas ideas de salsas que puedes preparar en frío con tan sólo mezclar los ingredientes:

- *Queso al pimentón: 2 cucharadas de queso cremoso, 1 cucharada de aceite de oliva y pimentón.*
- *Japonesa: 2 cucharadas de mayonesa y 1 de salsa de soja.*
- *Diabla: 2 cucharadas de sofrito de tomate, un toque de tabasco y un pellizco de tomillo seco.*
- *Alioli al romero: 2 cucharadas de alioli y un pellizco de romero.*
- *Curry: 2 cucharadas de yogur griego y 1 de curry.*

Espárragos con jamón y huevo

Ingredientes

 80 g de espárragos verdes frescos pequeños (16 espárragos)

 4 lonchas de jamón cortado fino (5 g)

 1 huevo

 Sal

 1 cucharada de agua

Preparación

❶ Enrolla los espárragos por la base en manojos de 4 unidades con una loncha de jamón.

❷ Colócalos en el Estuche de vapor, añade 1 cucharada de agua y una pizca de sal. Cuece 4 minutos (800 W).

❸ Abre el Estuche y añade 1 huevo y un poco de sal encima. Cuece 1 minuto (800 W).

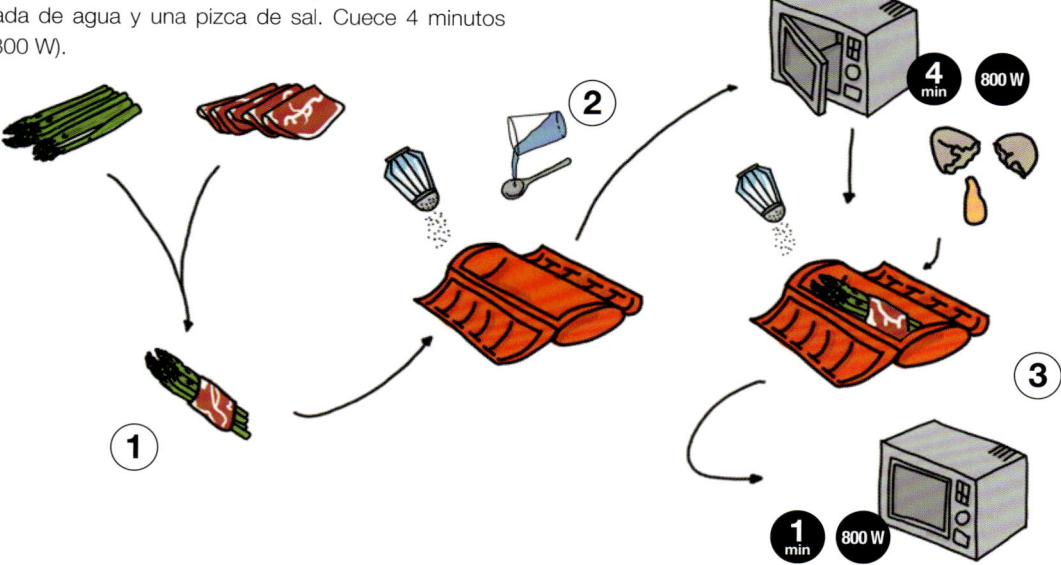

Consejos y trucos

- *El tiempo de cocción del huevo puede variar en función del gusto. Añade algunos segundos más si te parece poco cocido.*
- *Recuerda que los huevos nos aportan proteínas de elevada calidad, vitaminas (A, D y B12) y minerales. El consumo de 3 o 4 huevos a la semana es una buena alternativa a la carne y el pescado.*
- *Puedes usar jamón serrano o ibérico, pero también jamón york o pechuga de pavo.*

Patatas mimosa

Ingredientes

 150 g de patata (1 patata mediana)

 4 cucharadas de agua

 1 lata de atún en aceite de oliva

 30 g de pimiento asado

 1 cucharada de mayonesa

 Sal

Preparación

1 Corta la patata por la mitad y échale una pizca de sal. Colócala boca abajo en el Estuche de vapor y añade 4 cucharadas de agua. Cierra el Estuche y cocina 9 minutos (800 W).

2 Mientras se cuece la patata, mezcla en un bol el atún, el pimiento cortado a trozos, la mayonesa y una pizca de sal.

3 Saca la patata del Estuche y, con la ayuda de una cuchara, vacíala (procurando no quemarte) hasta dejar los bordes con un grosor de un dedo. Añade la patata cocida a la mezcla de atún, pimiento y mayonesa, y remueve bien. Utiliza la patata como molde y rellénala con la preparación anterior.

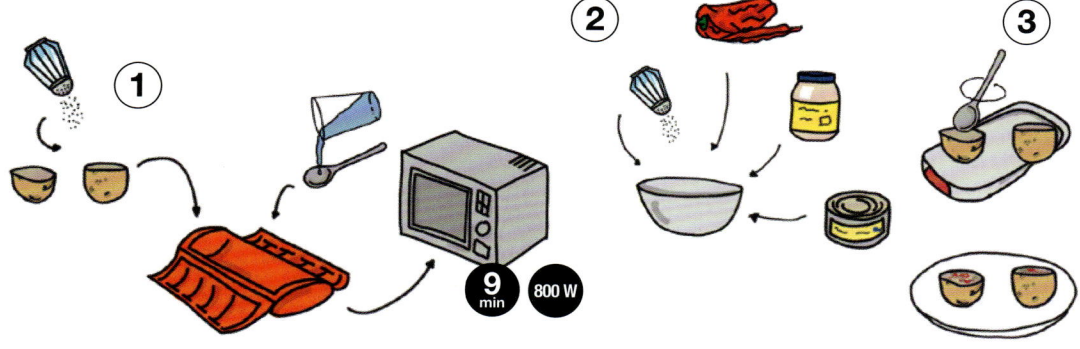

Consejos y trucos

- *También puedes realizar esta receta en el Ogya.*
- *Puedes añadir también olivas, anchoas, alcaparras, pepinillos, perejil picado o huevo duro picado.*
- *La mayonesa la puedes hacer en casa. Para ello necesitas 1 huevo y aproximadamente 150 ml de aceite. Pon el huevo en un recipiente alto y ve añadiendo aceite poco a poco mientras agitas con el túrmix hasta formar una emulsión. Por último, añade una pizca de sal al gusto.*
- *Si lo prefieres, puedes hacer una lactonesa con 3 tazas de aceite y 1 de leche. Mezcla los ingredientes y agita con el túrmix de abajo arriba hasta formar la emulsión.*

Gratín

Ingredientes

 250 g de patata (1 patata grande)

 250 ml de nata líquida

 1 yema de huevo

 Sal

 Pimienta

Preparación

❶ Pela y lamina la patata. En un bol aparte mezcla la nata con la yema y añade una pizca de sal y pimienta.

❷ Coloca en el Estuche de vapor una capa de patata, sal y, seguidamente, la mezcla líquida. Repite este proceso hasta rellenar el Estuche de vapor.

❸ Cuece 10 minutos con el Estuche cerrado (800 W).

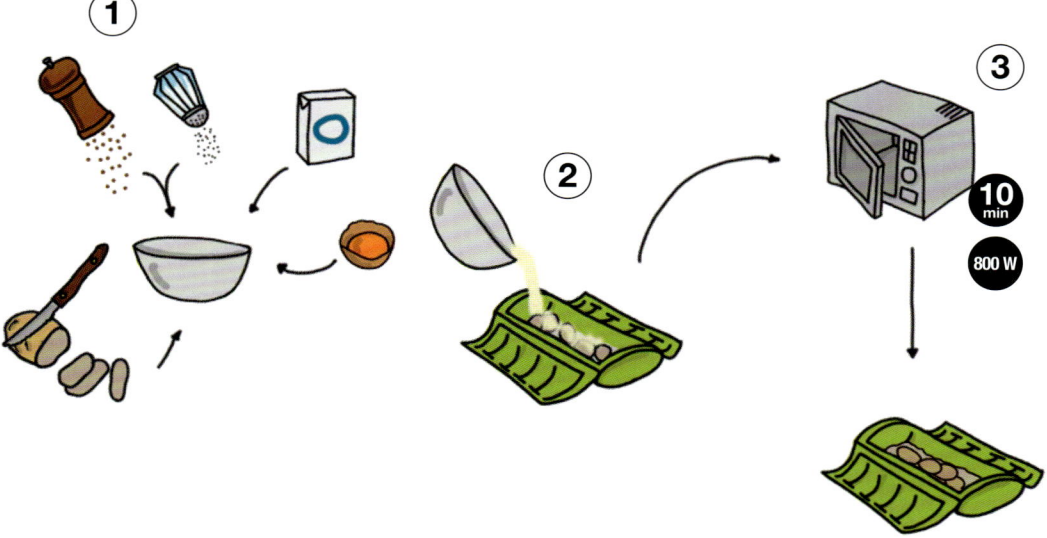

Consejos y trucos

- *Puedes intercalar filetes de anchoa, jamón york o beicon entre las láminas de patata para darle más sabor.*
- *Si los bordes te quedan de color tostado no te preocupes: es la nata que se ha cocinado. Tiene un sabor muy bueno.*

Guisantes con cebolla y beicon

Ingredientes

 60 g de cebolla (1/2 cebolla pequeña)

 25 g de beicon a taquitos

 100 g de guisantes congelados

 Sal

 Pimienta

 2 cucharadas de agua

 2 cucharadas de aceite

Preparación

1 Pica la cebolla y añádela al Estuche de vapor junto con 2 cucharadas de agua, 2 de aceite, sal y pimenta. Cuece 4 minutos (800 W).

2 Añade el beicon y cuece 1 minuto más (800 W).

3 Añade los guisantes y cuece 3 minutos (800 W).

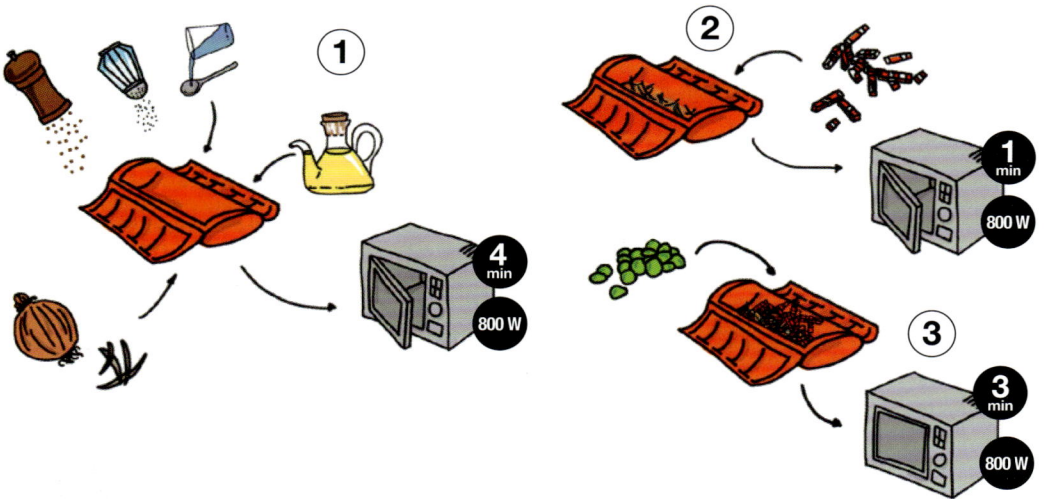

Consejos y trucos

- Si tienes vino blanco en casa, sustituye el agua por vino y obtendrás un plato más sabroso. ¿Un truco más? Añade unas gotas de anís por encima y remuévelo nada más sacarlo del microondas.
- Si lo trituras bien con un túrmix añadiendo un poco de agua, conseguirás una deliciosa crema caliente de guisantes.
- Si utilizas guisantes de lata, reduce el tiempo de cocción del paso 3 a 1 minuto.
- Prueba a añadir una pizca de canela: le darás un toque muy especial.
- Si tienes una maceta con menta, puedes poner unas hojitas al sacarlo del microondas.

Puerros a la crema roquefort

Ingredientes

 150 g de puerros (2 puerros medianos)

 50 ml de nata líquida

 50 ml de leche

 25 g de roquefort

 Sal

Preparación

1 Saca la primera capa de los puerros, lávalos y córtalos en 3 trozos.

2 Añade al Estuche de vapor los puerros, la nata, la leche, el roquefort a trozos y una pizca de sal.

3 Cocina en el microondas con el Estuche cerrado durante 8 minutos a máxima potencia (800 W). Recuerda remover al final para ligar la salsa.

Consejos y trucos

- También puedes picar el puerro con un cuchillo y tendrás una excelente salsa para espaguetis, que puedes congelar en el Portion Saver.

- Si el gusto final te parece fuerte o bien encuentras que la salsa es muy espesa, puedes añadir un poco más de leche al final.

- Recuerda que este plato tiene un elevado poder calórico, debido a la presencia de la nata y del queso. Consúmelo en días puntuales y equilibra con el resto del menú: carne o pescado con guarnición de ensalada.

Tomate confitado con queso fresco y escarola

Ingredientes

 75 g de tomate maduro (1 tomate pequeño)

 2 cucharadas de agua

 2 cucharadas de aceite de oliva

20 g de queso fresco

 Sal

 Pimienta

 Ensalada al gusto

Preparación

1 Parte el tomate por la mitad y sácale las semillas. En el Estuche de vapor, añade 2 cucharadas de agua, coloca la rejilla y pon los tomates encima boca arriba.

2 Añade a cada mitad del tomate 1 cucharada de aceite de oliva, una pizca de sal y otra de pimienta. Cierra el Estuche y cocina durante 2 minutos y medio (800 W).

3 Saca los tomates y rellénalos con el queso fresco. Para servirlos, coloca en un plato una mezcla de ensalada y, sobre ella, los tomates.

Consejos y trucos

- Puedes darle un toque diferente al plato si, en el momento de confitar el tomate, añades una hojita de laurel o un poco de romero o tomillo en su interior para aromatizar. Recuerda sacar las hierbas antes de añadir el queso fresco.
- También puedes cortar el tomate confitado a dados y usarlo para tus ensaladas o bocadillos preferidos. Puede ser una buena alternativa también para los platos de pasta.
- Puedes completar tu ensalada con frutos secos tostados como avellanas, nueces o piñones.
- Procura que los tomates no estén demasiado maduros para que puedas rellenarlos bien.

Verduras asadas con anchoas

Ingredientes

 130 g de berenjena (1/2 berenjena mediana)

 90 g de pimiento rojo (1/2 pimiento rojo mediano)

75 g de cebolla (1/2 cebolla mediana)

 4 cucharadas de agua

 1 lata de anchoas pequeña

 1 cucharada de aceite de oliva

 Sal

Preparación

1 Corta la berenjena, el pimiento y la cebolla por la mitad. Vacía de pepitas el interior del pimiento. Colócalo todo boca abajo en el Estuche de vapor y añade 4 cucharadas de agua. Cierra el Estuche y cocina 14 minutos (800 W).

2 Saca con cuidado las verduras y déjalas reposar. Puedes pelar la berenjena y el pimiento si lo deseas, cuando éstos se enfríen.

3 Aliña con aceite y sal, y coloca las anchoas al gusto por encima.

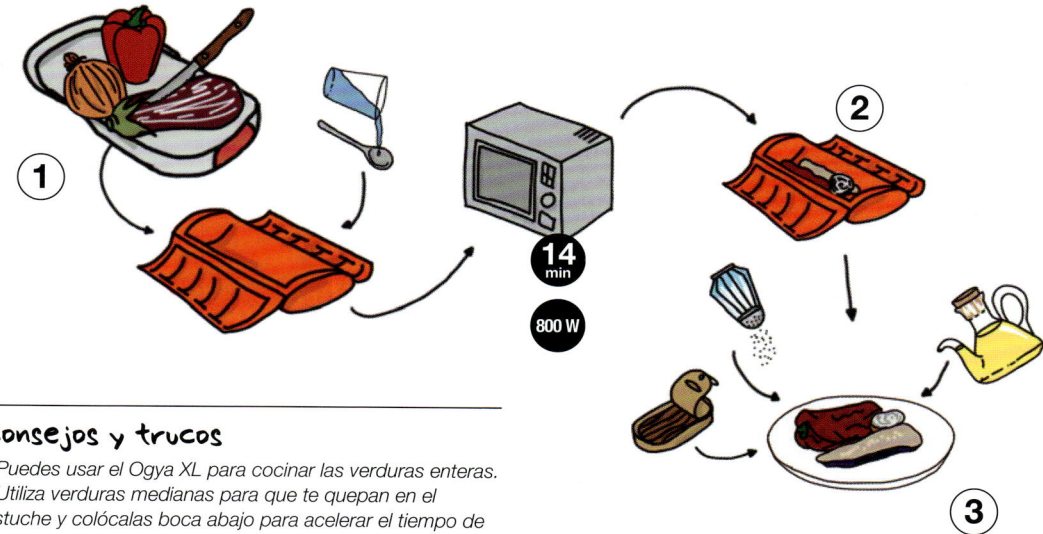

Consejos y trucos

- Puedes usar el Ogya XL para cocinar las verduras enteras.
- Utiliza verduras medianas para que te quepan en el Estuche y colócalas boca abajo para acelerar el tiempo de cocción.
- Puedes picar las verduras asadas y mezclarlas en ensaladas, arroces o platos de legumbres. Recuerda aliñarlo todo bien con aceite de oliva, vinagre y sal.

Lentejas a la jardinera

Ingredientes

 15 g de cebolla (1/4 cebolla pequeña)

 15 g de pimiento rojo (1/10 pimiento rojo mediano)

 15 g de zanahoria (1/2 zanahoria pequeña)

1 cucharada de tomate frito

 1 cucharada de agua

 1 cucharada de aceite

 Sal

 Pimienta

 140 g de lentejas cocidas

Preparación

1 Corta las verduras a cuadrados pequeños y colócalas en el Estuche de vapor. Añade también 1 cucharada de tomate frito, 1 de agua, 1 de aceite, sal y pimienta.

2 Mezcla bien, cierra el Estuche de vapor y cocina 3 minutos (800 W).

3 Añade las lentejas y cuece 1 minuto más (800 W).

Consejos y trucos

- Puedes realizar esta receta también en el Ogya.
- Si lo prefieres, utiliza para preparar esta receta las verduras que tengas en la nevera.
- ¿Tienes un poco de chorizo? Córtalo fino y añádelo junto a una cucharadita de pimentón picante para tener unas lentejas a la riojana.
- Para variar, prueba otro día con garbanzos, con alubias, etc.
- Recuerda que las legumbres nos aportan hidratos de carbono, proteínas, fibra, vitaminas y minerales. Si combinas las lentejas con arroz, obtendrás un aporte de proteínas de mayor calidad.

Lasaña vegetal

Ingredientes

Láminas de pasta para lasaña (precocidas)

45 g de calabacín (1/2 calabacín mediano)

40 g de tomate (1/2 tomate pequeño)

20 g de cebolla (1/4 cebolla pequeña)

20 g de berenjena (1/4 berenjena pequeña)

20 g de pimiento (1/10 pimiento rojo mediano)

100 g de tomate triturado (6 cucharadas soperas)

Queso rallado tipo parmesano

Sal

Preparación

❶ Llena un recipiente de agua caliente e introduce las placas de lasaña precocidas para que se hidraten. Mientras tanto, corta las verduras a láminas.

❷ Coloca en el Estuche de vapor los ingredientes siguiendo este orden: una lámina de lasaña hidratada, las verduras cortadas al gusto, una pizca de sal y, para terminar, pon encima tomate triturado y una pizca más de sal. Repite esta operación 1 vez más.

❸ Para terminar coloca una última placa de lasaña, tomate triturado por encima, una pizca de sal y el queso rallado al gusto. Cocina 7 minutos con el Estuche cerrado (800 W).

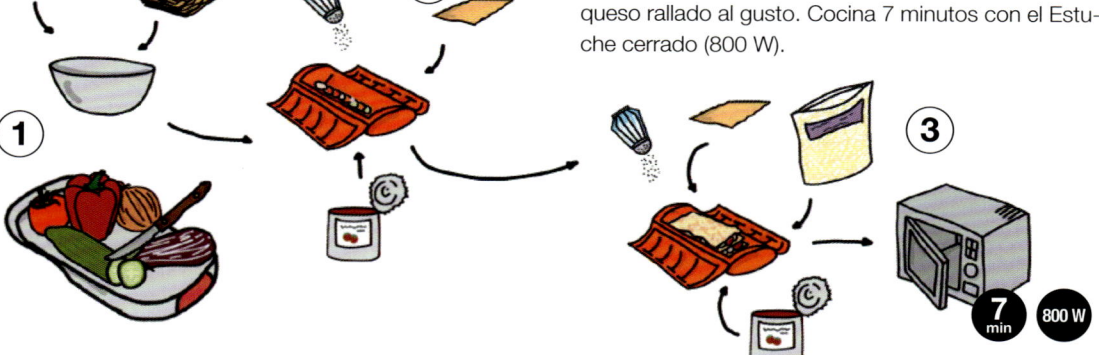

Consejos y trucos

- *Si lo prefieres, puedes utilizar otras verduras, como zanahoria, champiñones, pimiento verde, etc.*
- *Puedes utilizar tomate frito en vez de triturado.*
- *Prueba a emplear otros quesos, como emmental, granna padano o manchego curado.*
- *Añade avellanas troceadas o unas pasas entre la verdura para darle un toque diferente e inesperado.*

Judías blancas con almejas

Ingredientes

 140 g de judías blancas cocidas

 140 g de almejas (8 almejas)

 1/2 ajo

 Perejil

 Sal

Pimienta

1 cucharada de agua

Preparación

1 Coloca en el Estuche de vapor las judías, el ajo laminado, el perejil picado y las almejas. Echa por encima una cucharada de agua y una pizca de sal y pimienta.

2 Cocina durante 3 minutos y medio (800 W).

3 Comprueba que se han abierto todas las almejas. Si no es así, cocina durante 1 minuto más (800 W).

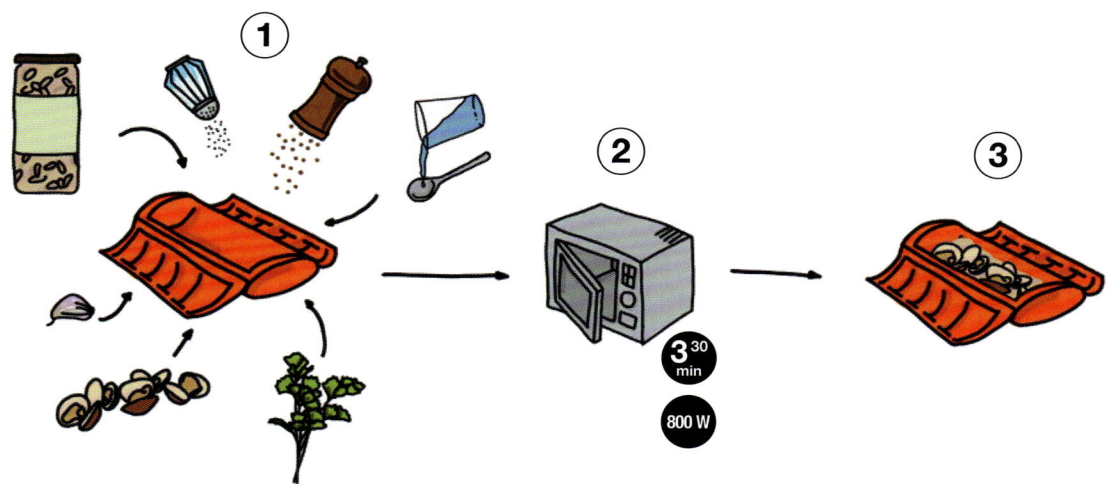

Consejos y trucos

- Este plato también lo podrías cocinar en el Ogya.
- Puedes añadir aceite en crudo al final para aumentar el sabor.
- Prueba a sustituir las almejas por berberechos frescos.

Alcachofas en salsa verde

Ingredientes

 70 ml de agua

 1 cucharadita de harina

 2 cucharadas de aceite de oliva

 1/2 ajo

 Perejil

 2 alcachofas medianas (190 g de alcachofa entera o 70 g de corazones de alcachofa)

 Sal

Preparación

1 Coloca en el Estuche de vapor el agua, el aceite, la harina, el ajo laminado y el perejil picado. Cocina 1 minuto y medio (800 W). Remueve bien la salsa con una cuchara para ligarla.

2 Pela las alcachofas hasta quedarte con el corazón y pártelas en 4 trozos. Para ello debes empezar por arrancar las hojas exteriores y cortar por la base de la alcachofa. Añade los corazones al Estuche y cocina durante 4 minutos (800 W).

3 Abre el Estuche y mezcla bien para ligar la salsa de nuevo. Sirve las alcachofas y distribuye la salsa por encima.

Consejos y trucos

- *Puedes añadir también unos espárragos de lata escurridos o un huevo duro picado en el momento de servir.*

Pescados

Brandada de bacalao

Ingredientes

 100 g de patata (1 patata pequeña)

 4 cucharadas de agua

 130 g de bacalao desalado

 3 cucharadas de aceite de oliva

 1 diente de ajo

 25 ml de leche

Preparación

1 Pela la patata y córtala a dados. Colócala en el Estuche de vapor junto con 4 cucharadas de agua y una pizca de sal. Cocina durante 4 minutos (800 W).

2 Añade el bacalao, el aceite, la leche y el ajo laminado. Cocina durante 3 minutos más (800 W).

3 Abre el Estuche y con ayuda de un tenedor chafa el bacalao hasta desmigarlo completamente y mezcla los ingredientes. La textura final debe quedar como un puré cremoso y homogéneo.

Consejos y trucos

- Recuerda que, para esta elaboración, el bacalao debe ser desalado, ya sea fresco o congelado.
- Dale un toque fresco con perejil picado o cebollino.
- También puedes untar la brandada sobre tostadas de pan, o incluso preparar un delicioso bocadillo añadiendo pimiento rojo asado, lechuga y un poco de mayonesa o alioli.

Pescados

Lenguado meunière minute

Ingredientes

 1 lenguado

 2 cucharadas de agua

 1 cucharada de mantequilla

 1 chorrito de limón

 Alcaparras

 Perejil

 Sal

 Aceite

Preparación

❶ Coloca la rejilla en el Estuche de vapor y añade 2 cucharadas de agua. Coloca el lenguado sobre la rejilla y añade una pizca de sal.

❷ Añade la mantequilla encima del pescado, las alcaparras y el perejil picado.

❸ Cierra el Estuche de vapor y cuécelo todo junto 1 minuto y medio (800 W). Déjalo reposar 1 minuto más con el Estuche cerrado. Añade un chorrito de limón al gusto.

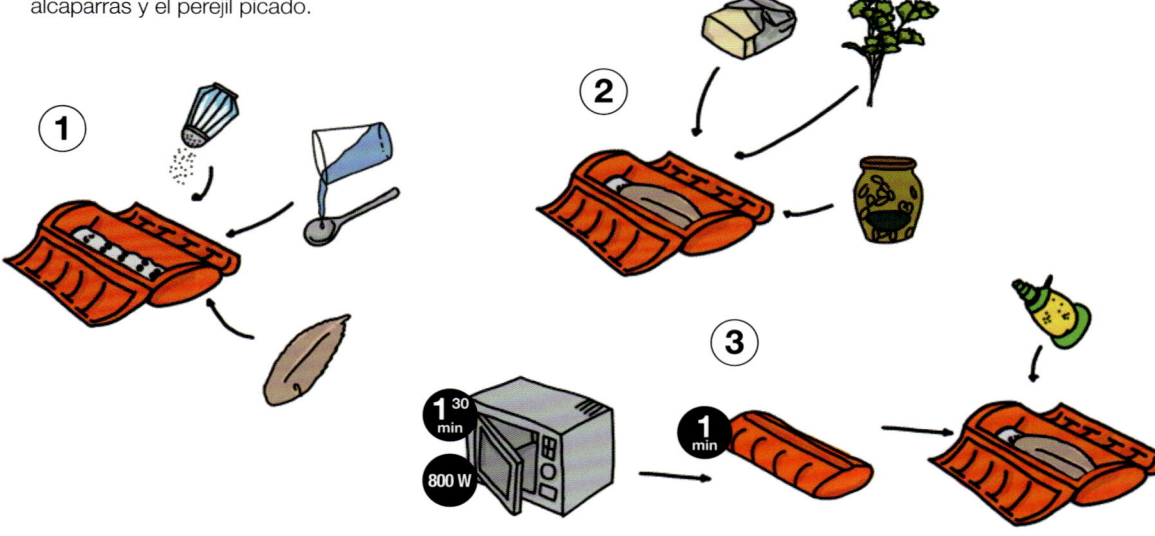

Consejos y trucos

- Recuerda que es muy importante dejar 1 minuto de reposo para que el pescado se termine de cocer con su propio calor.
- Puedes utilizar el Citrus Spray para aromatizar.

Pescados

Sepia con ajo y perejil

Ingredientes

 250 g de sepia

 2 cucharadas de agua

 4 cucharadas de aceite de oliva

 1 ajo

 Perejil

 Sal

Preparación

1 Añade 2 cucharadas de agua al Estuche de vapor, coloca la rejilla y, sobre ella, la sepia con una pizca de sal. Cuece 4 minutos y deja en reposo 30 segundos (800 W).

2 Mientras se cuece la sepia, pica el ajo y el perejil. Añade el aceite de oliva y mezcla bien.

3 Saca la sepia del Estuche de vapor, colócala en un plato y sazónala con la mezcla anterior.

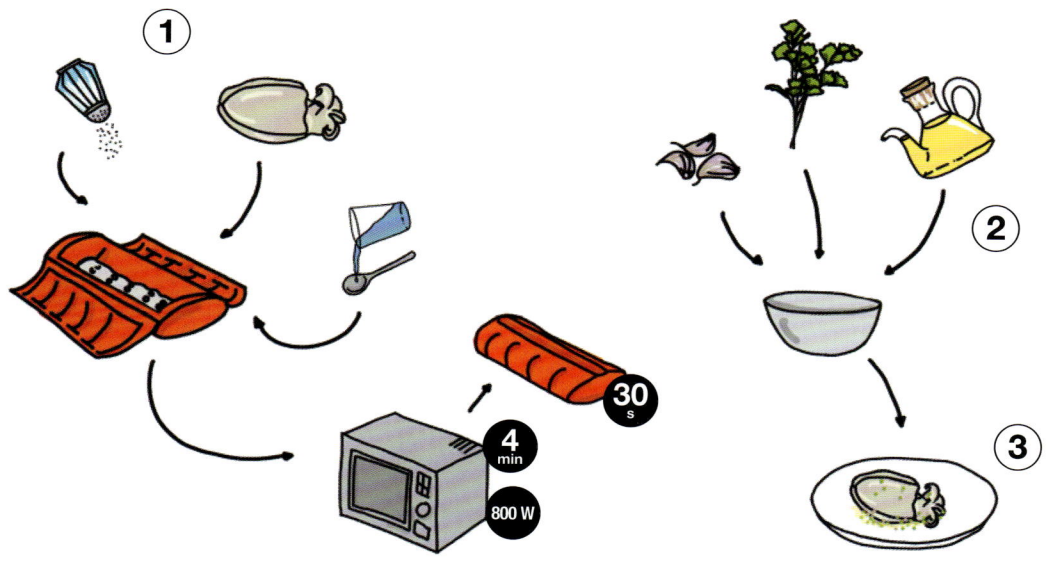

Consejos y trucos

- *Si te sobra mezcla de ajo y perejil, congélalo en el Portion Saver. Te servirá para aliñar tus guisos o arroces cuando lo necesites.*
- *Sirve este plato acompañado de una patata cocida en el microondas. Mira las tablas de cocción iniciales (véase página 14).*

Caballa al vino blanco

Ingredientes

 1 cucharada de agua

 1 cucharada de vino blanco

 1 cucharada de vinagre de vino

 Romero

Clavo

 150 g de filetes de caballa

 **25 g** de zanahoria (1/3 zanahoria mediana)

 15 g de cebolla (1/4 cebolla pequeña)

 Limón

 Sal

 Azúcar

Preparación

❶ Añade al Estuche de vapor el agua, el vino blanco, el vinagre de vino, el clavo y el romero, y coloca la rejilla.

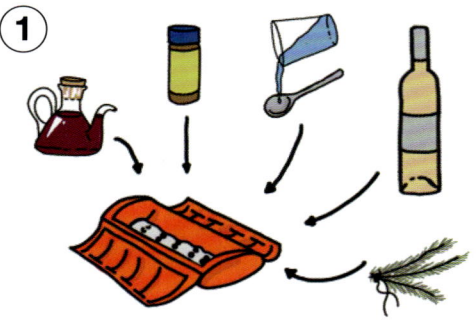

❷ Corta la cebolla en juliana y la zanahoria a rodajas, luego colócalas encima de la rejilla. Incorpora los filetes de caballa. Sobre ellos añade una pizca de azúcar, sal y un chorrito de zumo de limón con el exprimidor.

❸ Cocina 2 minutos (800 W) y finalmente deja 1 minuto más de reposo con el Estuche cerrado.

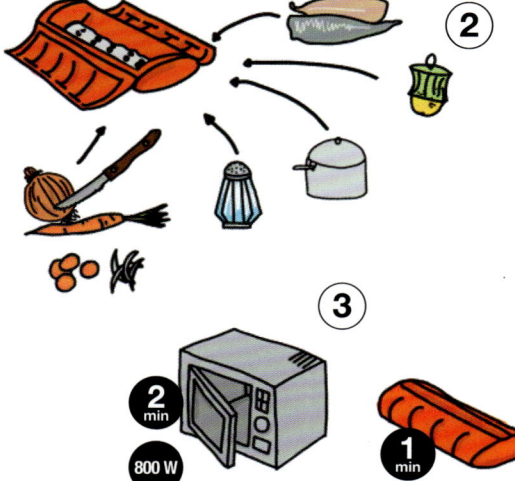

Consejos y trucos

- Las verduras quedan "al dente", pero si las prefieres más hechas, puedes cocerlas 1 minuto antes de añadir el pescado y después seguir con el mismo procedimiento.
- Puedes usar otros pescados, como la lubina o la dorada.
- Varía las verduras según lo que tengas en tu nevera.

Dorada a la provenzal

Ingredientes

 100 g de tomate natural rallado

 20 g de cebolla (1/4 cebolla pequeña)

 1 cucharada de agua

 1 cucharada de aceite

 1 diente de ajo

 Sal

 Azúcar

 Romero

 Pimienta

 Dorada

Preparación

❶ Corta la cebolla en juliana e introdúcela en el Estuche de vapor. Añade 1 cucharada de agua, 1 de aceite, el diente de ajo entero y una pizca de sal y pimenta. Cocina 2 minutos (800 W).

❷ Ralla el tomate e incorpóralo al Estuche de vapor, junto con el romero, una pizca de azúcar y una de sal. Cuece 5 minutos (800 W).

❸ Añade los filetes de dorada encima del tomate, ponlos a punto de sal y cuece 1 minuto y medio (800 W). Deja 1 minuto de reposo con el Estuche cerrado.

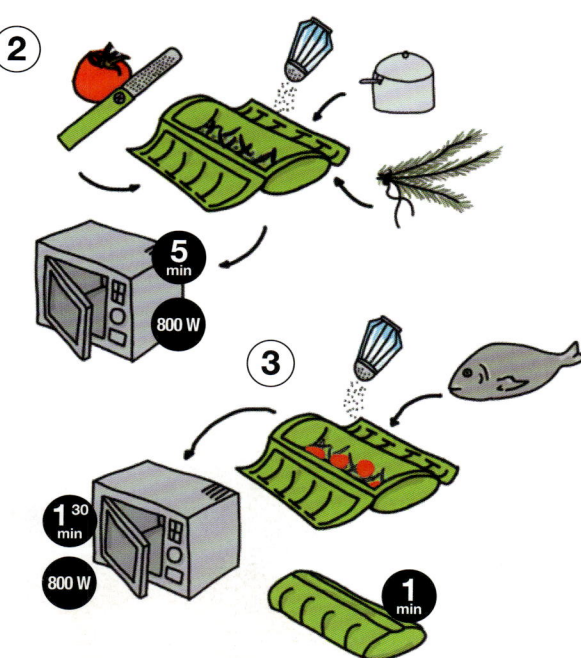

Consejos y trucos

- Tira un chorrito de aceite de oliva virgen sobre el pescado justo antes de comerlo para hacerlo más sabroso.
- Dale un punto diferente añadiendo aceitunas verdes o negras.
- El mejor condimento para este plato, ¡las hierbas provenzales!
- Si no tienes tiempo, puedes usar tomate triturado de lata; pero ojo, ¡nunca tomate frito!

Langostinos al natural

Ingredientes

 150 g de langostinos (5-6 langostinos)

 Sal

 2 cucharadas de agua

 Pimienta

 1 cucharada de aceite de oliva

Preparación

1 Coloca la rejilla en el Estuche de vapor, añade 2 cucharadas de agua, los langostinos, sal y pimienta.

2 Cuece 2 minutos (800 W). Deja reposar 1 minuto con el Estuche cerrado.

3 En el momento de servirlos, adereza con un chorro de aceite de oliva.

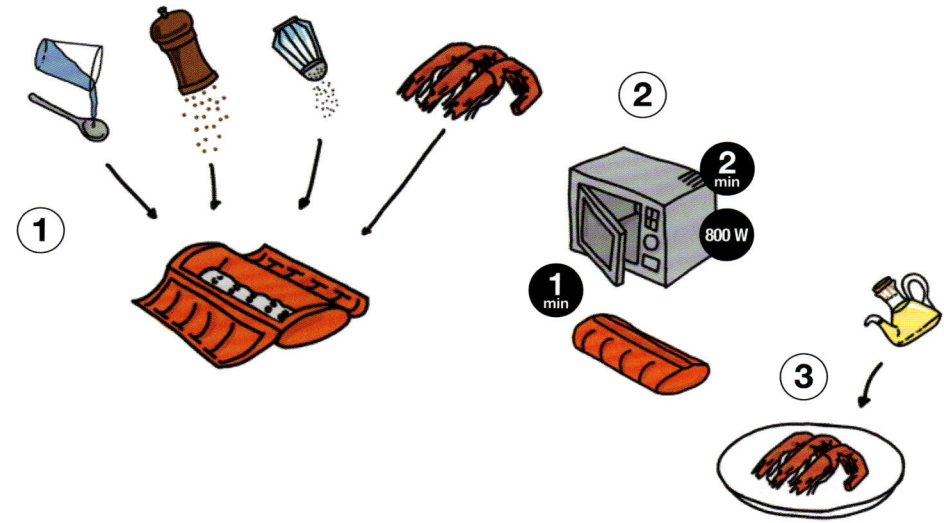

Consejos y trucos

- También puedes servirlos acompañados de salsas como mayonesa, alioli, una salsa de tomate picante o salsa cóctel.
- Los mariscos son una gran fuente de vitaminas (B1, B12) y minerales como fósforo, potasio, hierro, yodo, flúor y zinc. Tienen un contenido alto en proteínas, y bajo en sodio, calorías y grasas saturadas.
- Puedes añadir algunos ingredientes aromáticos bajo la rejilla, como laurel, pimienta, corteza de limón o naranja, o una ramita de romero.

Calamar relleno

Ingredientes

 30 g de cebolla (1/3 cebolla pequeña)

 2 cucharadas de agua

 1 cucharada de salsa de soja (5 ml)

 100 g de carne picada de ternera

 1/2 ajo

 Perejil

 Sal

 Pimienta

 1 calamar (aprox. 85 g)

Preparación

❶ Corta la cebolla en juliana y colócala en el Estuche de vapor junto con 2 cucharadas de agua y 1 cucharada de salsa de soja. Cuece 2 minutos (800 W).

❷ Pica aparte el ajo y el perejil, y mézclalos con la carne picada y una pizca de sal y pimienta. Rellena el calamar con la carne y ciérralo con 2 palillos en forma de cruz por la apertura.

❸ Coloca el calamar en el Estuche y reparte por encima la cebolla cocida. Cuece 7 minutos (800 W). Deja 1 minuto de reposo final con el Estuche cerrado.

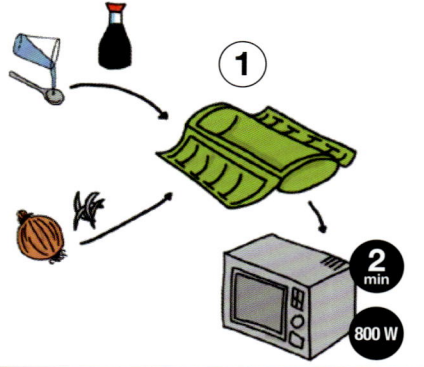

Consejos y trucos

- *La carne picada puede ser de cerdo, ternera o mixta. Además, en el relleno puedes añadir aceitunas, huevo duro o verduritas picadas.*
- *Si el calamar es congelado, quedará más tierno.*
- *Si le quieres dar un toque más exótico, sustituye el perejil por cilantro y añade un chorrito de limón con el exprimidor al relleno, y unas gotas de tabasco o pimentón.*

Merluza a la donostiarra

Ingredientes

 150 g de merluza (1 medallón grande)

 5 cucharadas de aceite

 1 diente de ajo

 1 cayena

 1 cucharadita de pimentón dulce

 Sal

Preparación

1 Añade al Estuche de vapor el aceite, el ajo laminado y la cayena. Cuece 1 minuto (800 W).

2 Incorpora la merluza, échale una pizca de sal por encima y cuece 2 minutos (800 W). Deja 1 minuto de reposo con el Estuche cerrado.

3 Separa la merluza en un plato, y añade el pimentón al aceite del Estuche. Mezcla bien y vierte esta salsa por encima de la merluza.

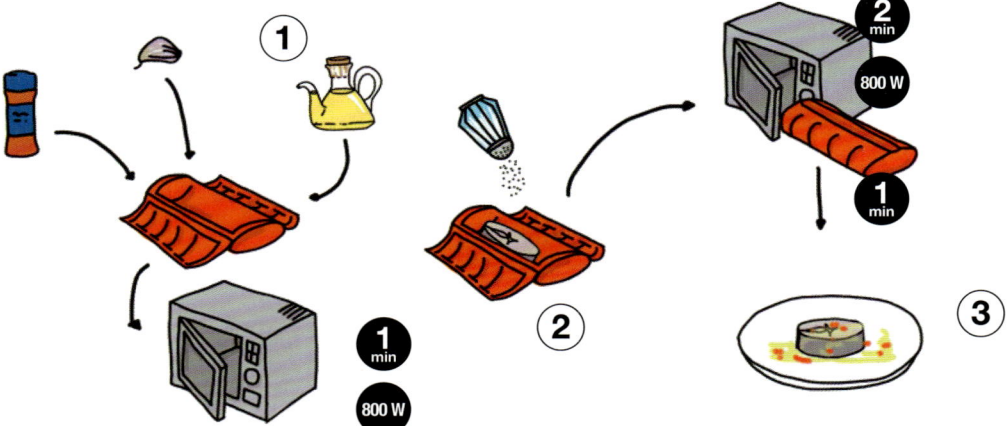

Consejos y trucos

- Suprime la cayena si no te gusta el picante.
- Para hacerlo más auténtico, añade un chorrito de vinagre al principio con el aceite, el ajo y la cayena. Recuerda que la merluza estará en su punto cuando la carne se desprenda completamente de la espina y conserve su color brillante.
- La cocción de la merluza puede variar según el corte; la mejor siempre será una rodaja gruesa de unos 4 cm aproximadamente.
- Si vas a preparar el plato con filetes de merluza pequeños, deberás reducir 30 segundos el tiempo de cocción.

Lubina con escamas vegetales

Ingredientes

 2 cucharadas de agua

 130 g de lubina

 Sal

 Pimienta

 40 g de zanahoria (1 zanahoria pequeña)

 40 g de calabacín (1/2 calabacín mediano)

Preparación

❶ Añade 2 cucharadas de agua al Estuche de vapor y coloca la rejilla. Sobre ella, extiende los filetes de lubina y sazónalos con una pizca de sal y pimienta.

❷ Corta las verduras a rodajas finas y colócalas sobre los filetes como si fueran las escamas del pescado. Añade una pizca de sal por encima. Cierra el Estuche y cuece 2 minutos (800 W).

❸ Cuando termine la cocción, deja el pescado reposando 1 minuto con el Estuche cerrado para que se termine de cocer con su propio calor.

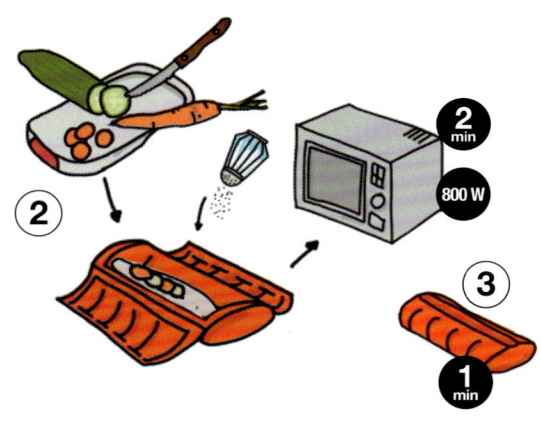

Consejos y trucos

- Si prefieres que las verduras estén un poco más cocidas, puedes cocinarlas previamente 2 minutos encima de la rejilla con 2 cucharadas de agua.

- Puedes añadir aceite de oliva en crudo al final para potenciar el sabor del plato. O salsear este plato con una vinagreta preparada con 2 partes de salsa de soja y 1 parte de aceite de sésamo. También puedes echar por encima almendras tostadas laminadas o pistachos para dar un toque crujiente.

- Sugerencia de presentación. Cuando lo sirvas, pon en la base del plato directamente una cucharada de tomate frito con aceite de oliva y, si te apetece, algunas hierbas como albahaca, perejil o tomillo. Sobre esa base, coloca el pescado.

Carnes

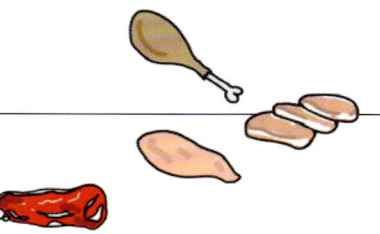

70

Pollo con ciruelas, pasas y piñones

72

Berenjena boloñesa

74

Lomo con tomate, queso y romero

76

Butifarra con verduras

78

Pechuga de pavo con zanahoria, mostaza y miel

80

Lomo adobado

82

Hamburguesa rusa

84

Ternera salteada con tomate y cebolla

Pollo con ciruelas, pasas y piñones

Ingredientes

 30 g de cebolla (1/3 cebolla pequeña)

 15 g de pasas

 2 ciruelas secas

 10 g de piñones

 1 cucharada de agua

 1 cucharada de aceite de oliva

 Romero

 Sal

 130 g de muslo de pollo (1 muslo grande)

Preparación

❶ Corta la cebolla en juliana. Añádela al Estuche de vapor junto con las pasas, los piñones, las ciruelas, el romero, 1 cucharada de agua y 1 de aceite.

❷ Cuece durante 3 minutos (800 W).

❸ Coloca el muslo de pollo en el interior del Estuche de vapor y sazona con una pizca de sal y pimenta. Reparte por encima la cebolla, las pasas, las ciruelas y los piñones. Cuece 2 minutos (800 W) y deja en reposo 30 segundos al final con el Estuche cerrado.

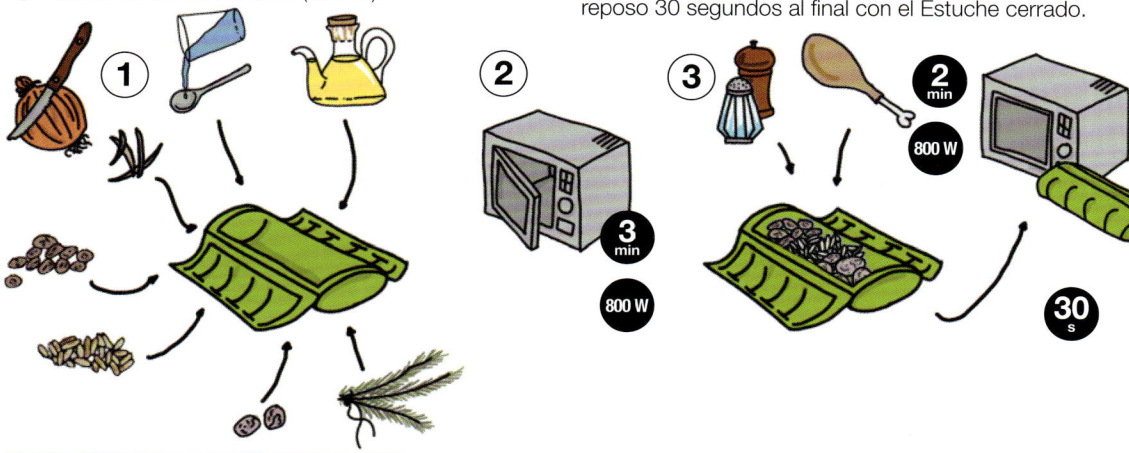

Consejos y trucos

- Coloca la parte más gruesa del muslo de pollo en un extremo del Estuche, ya que los productos colocados en los extremos se cuecen antes que en el centro del Estuche.
- Una ramita de canela le dará el toque aromático tradicional.

Berenjena boloñesa

Ingredientes

 270 g de berenjena (1 berenjena mediana)

 30 g cebolla (1/3 cebolla pequeña)

 150 g de tomate frito

 100 g de carne picada de ternera

 Queso rallado

 Sal

 Pimienta

 4 cucharadas de agua

Preparación

❶ Parte la berenjena por la mitad y coloca boca abajo las dos mitades en el Estuche de vapor. Añade 4 cucharadas de agua y cocina 7 minutos (800 W).

❷ En un bol mezcla la carne, la cebolla picada, el tomate frito, la sal y la pimienta. Una vez termine la cocción de la berenjena, vacíala con la ayuda de una cuchara y añade la berenjena cocida a la mezcla anterior.

❸ Rellena las berenjenas con la mezcla y esparce queso rallado por encima. Coloca la rejilla y las berenjenas encima. Cocina 4 minutos (800 W).

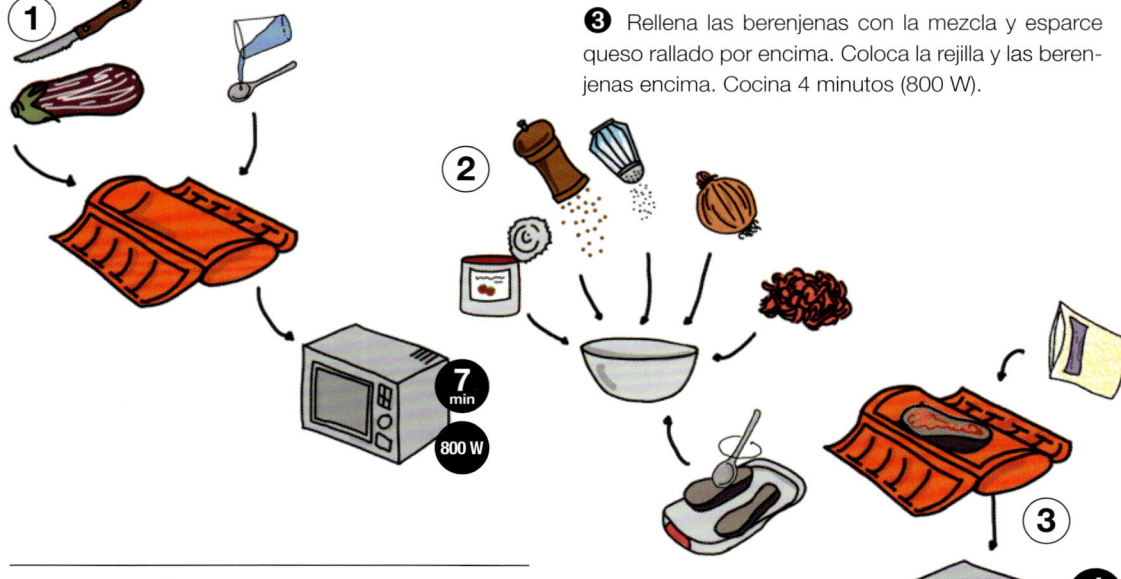

Consejos y trucos

- *Puedes picar la carne con un cuchillo antes de mezclar: obtendrás como resultado una textura más suave.*
- *Dale tu toque personal con hierbas secas aromáticas.*

Lomo con tomate, queso y romero

Ingredientes

 2 lomos de cerdo finos (aprox. 100 g)

2 cucharadas de tomate triturado

2 rodajas de queso de cabra

Romero

 Sal

2 cucharadas de agua

Preparación

1 Añade dos cucharadas de agua al Estuche de vapor y coloca la rejilla. Sitúa sobre ella las lonchas de lomo y sazona con una pizca de sal.

2 Incorpora encima de cada lomo una cucharada de tomate triturado y seguidamente el queso de cabra. Cuece durante 3 minutos (800 W).

3 Deja 30 segundos de reposo con el Estuche cerrado. Esparce un poco de romero por encima.

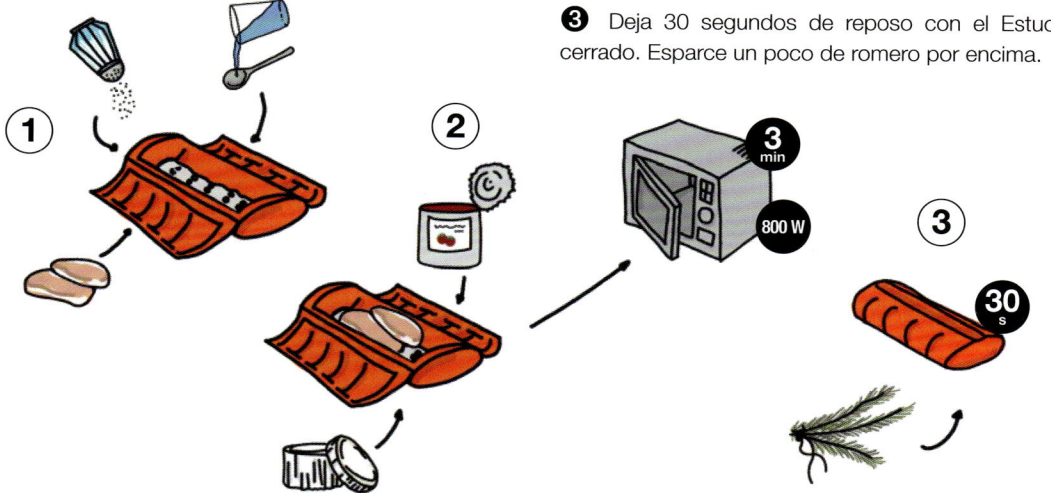

Consejos y trucos

- *Si no tienes tomate triturado, puedes utilizar tomate natural cortado a rodajas o incluso tomate frito.*
- *En lugar de romero, puedes añadir otra especia como albahaca u orégano.*
- *Si quieres variar, puedes añadir un poco de pan rallado sobre el queso.*

Carnes

Butifarra con verduras

Ingredientes

 30 g de calabacín (1/4 calabacín mediano)

 30 g de zanahoria (1/3 zanahoria mediana)

 30 g de cebolla pequeña (1/3 cebolla pequeña)

 30 g de tomate rallado (2 cucharadas)

 4 espárragos verdes

 1 champiñón

 1 cucharada de aceite de oliva

 Sal

 130 g de butifarra

 2 cucharadas de agua

Preparación

❶ Corta las verduras a tiras. Añádelas al Estuche de vapor con 2 cucharadas de agua, 1 de aceite y una pizca de sal. Cuece 4 minutos (800 W).

❷ Corta la butifarra a trozos pequeños y añádelos al Estuche. Cocina 2 minutos más (800 W).

❸ Deja reposar durante 30 segundos con el Estuche cerrado.

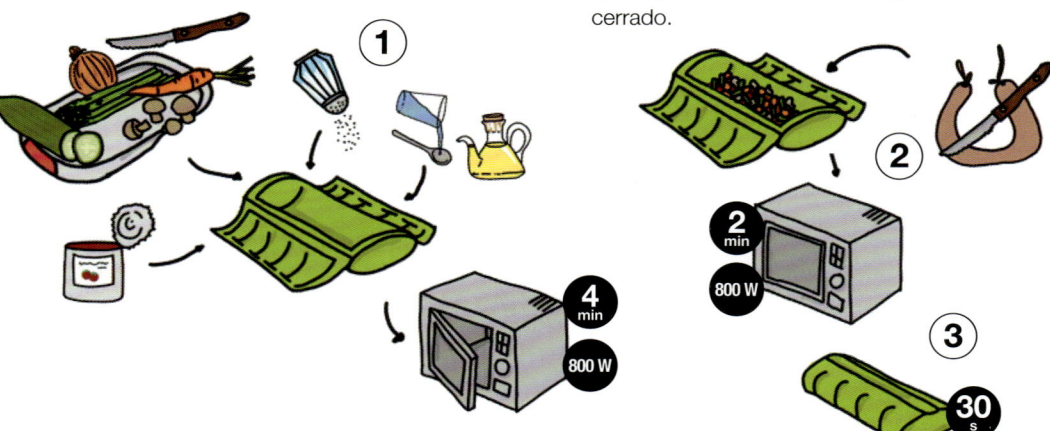

Consejos y trucos

- *Puedes aliñar este plato con una salsa de tomate, aceite de ajo y perejil.*
- *Si retiras la piel de la butifarra antes de cortarla, conseguirás una textura más agradable. Hazle un pequeño corte longitudinal y saldrá sola.*
- *Puedes incluir otros tipos de setas.*

Carnes

Pechuga de pavo con zanahoria, mostaza y miel

Ingredientes

 100 g de zanahoria (1 zanahoria grande)

 2 cucharadas de agua

Sal

 100 g de pechuga de pavo (2 piezas)

Vinagreta:

 3 cucharadas de aceite de oliva

 1 cucharadita de mostaza a la antigua

 1 cucharadita de miel

Preparación

1 Pela la zanahoria y córtala a bastones. Introdúcelos en el Estuche de vapor y añade 2 cucharadas de agua y una pizca de sal. Cuece 2 minutos (800 W).

2 Mientras se cuece la zanahoria, mezcla bien en un bol el aceite, la mostaza, la miel y sal.

3 Incorpora la pechuga de pavo al Estuche de vapor, añade la salsa por encima y cuece 2 minutos (800 W). Deja reposar durante 30 segundos con el Estuche de vapor cerrado.

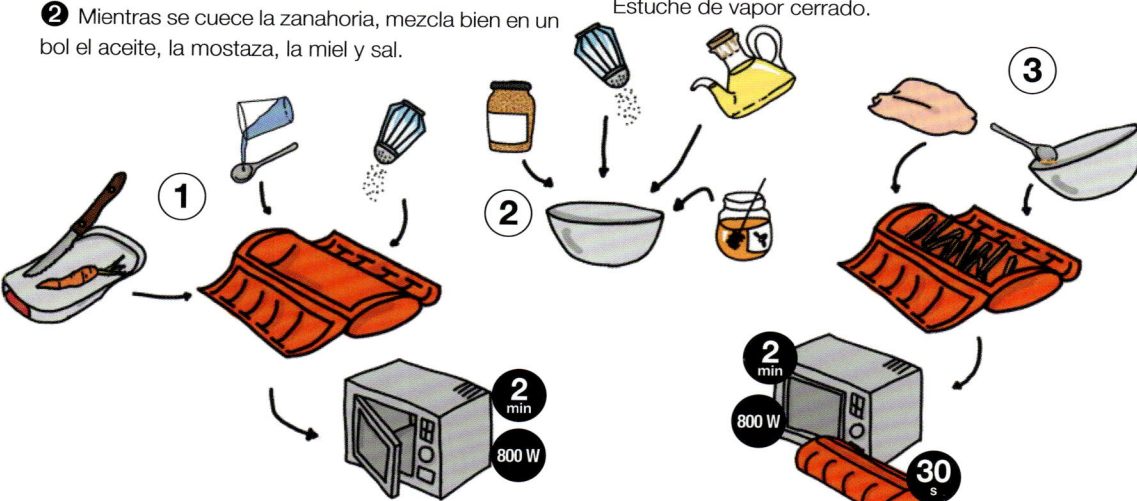

Consejos y trucos

- *Puedes usar también filetes de pollo.*
- *Puedes completarlo añadiendo por encima cacahuetes tostados troceados.*

Lomo adobado

Ingredientes

 100 g de lomo de cerdo

 1 cucharadita de pimentón dulce

 1 pizca de comino

 1 pizca de orégano

 Sal

 2 cucharadas de aceite de oliva

Preparación

1 Corta el lomo a dados, colócalos en el Estuche de vapor y ponlos a punto de sal.

2 Añade el resto de ingredientes y mezcla.

3 Cuece 2 minutos (800 W) y deja 30 segundos de reposo con el Estuche cerrado. Remueve bien.

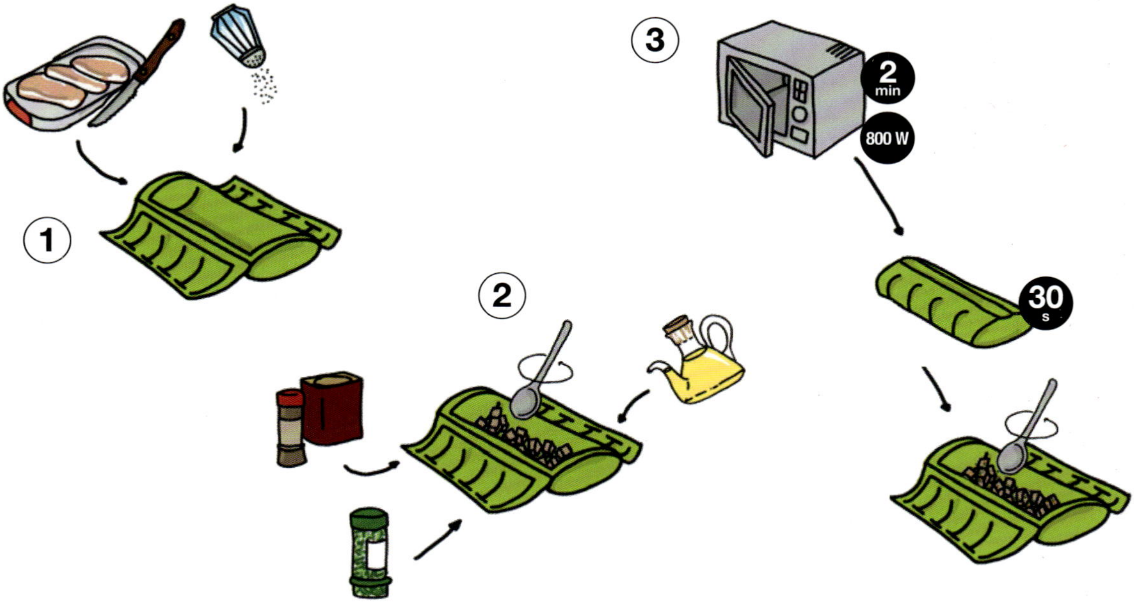

Consejos y trucos

- Puedes presentar el plato en forma de brochetas como si se tratase de un pincho moruno.
- Las proporciones de especias pueden variar a tu gusto.

Hamburguesa rusa

Ingredientes

- **1** pepinillo en vinagre
- **2** cebolletas en vinagre
- **1** guindilla en vinagre
- **100 g** de carne picada de ternera

- **150 g** de tomate (1 tomate mediano)
- Aceite de oliva
- Sal
- Pimienta

Preparación

❶ Pica el pepinillo, las cebolletas, la guindilla y la carne en trozos lo más pequeños posible. Mézclalo todo y añade sal y pimienta al gusto. Prepara una hamburguesa con la mezcla.

❷ Coloca la hamburguesa en el centro del Estuche de vapor y sitúa a cada lado 1/2 tomate, boca arriba. Encima del tomate añade sal y un poco de aceite.

❸ Cierra el Estuche y cocina 2 minutos y medio (800 W). Deja reposar 30 segundos con el Estuche cerrado.

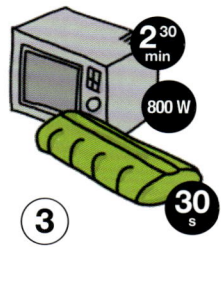

Consejos y trucos

- Si la carne no está a tu gusto, puedes darle 30 segundos o 1 minuto más de cocción.
- Los más atrevidos pueden servir esta hamburguesa con una salsa a base de yogur y remolacha. Tritura una remolacha cocida con 1 yogur y añade un chorrito de aceite de oliva. Salpimenta al gusto.
- Si preparas las hamburguesas de un tamaño más pequeño, reduce el tiempo de cocción. Puedes servirlas como aperitivo sobre una tostada con un poco del mismo tomate y una ramita de perejil encima.
- Acompaña este plato con tostadas de pan y una ensalada.

Ternera salteada con tomate y cebolla

Ingredientes

 100 g de bistec

 100 g de cebolla (1 cebolla pequeña)

 75 g de tomate (1/2 tomate mediano)

 2 cucharadas de aceite

 2 cucharadas de salsa de soja

 Pimienta

Preparación

1 Corta el bistec a tiras, el tomate a cuartos y la cebolla en juliana. Añádelos al Estuche de vapor junto con el aceite, la soja y una pizca de pimienta.

2 Cocina 2 minutos y medio (800 W).

3 Deja reposar 30 segundos con el Estuche cerrado.

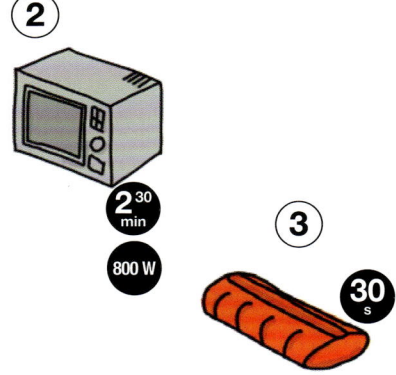

Consejos y trucos

- *La cebolla queda crujiente, ya que en este plato las verduras deben resultar tipo wok.*
- *Puedes rectificar de sal al final, si te parece dulce. Debido al gusto de la soja, no añadimos sal al principio.*
- *Si quieres darle un toque más fresco, espolvorea abundante cilantro picado por encima. También puedes añadir al principio una cucharadita de jengibre rallado.*
- *Sírvelo con unas fajitas y ya tienes una comida lista.*
- *Resulta delicioso servido sobre alubias pequeñas cocidas o sobre arroz hervido. Atrévete también con otros cereales como quinoa, mijo, etc.*

Postres

4 min · 1

Piña asada con especias y yogur

Ingredientes

 100 g de piña natural (1 rodaja)

 1 yogur

 Canela

Nuez moscada

Pimienta negra

Preparación

1 Corta la piña en tres trozos y colócala en el Estuche de vapor.

2 Cocina 4 minutos (800 W).

3 Pon el yogur en un plato, sirve la piña por encima y espolvorea una especia diferente sobre cada trozo.

1

2

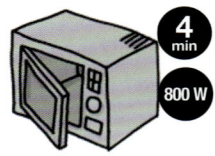

4 min · 800 W

3

Consejos y trucos

- *Puedes decorar el plato con unos anacardos tostados para darle un toque más crujiente.*
- *Puedes optar por cocer la piña y añadirla directamente dentro de un yogur aliñando con azúcar y un poco de pimienta negra.*
- *Otra alternativa sería decorar el plato con plátano e incluso espolvorearlo con alguna especia.*
- *Puedes mezclar el yogur con coco rallado, en vez de especias, para preparar un postre "piña colada".*

5 min   1

Peras al romero

Ingredientes

 1 pera conferencia pequeña (140 g)

1 rama de romero fresco

2 cucharadas de agua

15 g de azúcar

Preparación

1 Corta la pera a dados y colócala en el Estuche de vapor.

2 Añade el agua, el azúcar y el romero.

3 Cuece 5 minutos (800 W).

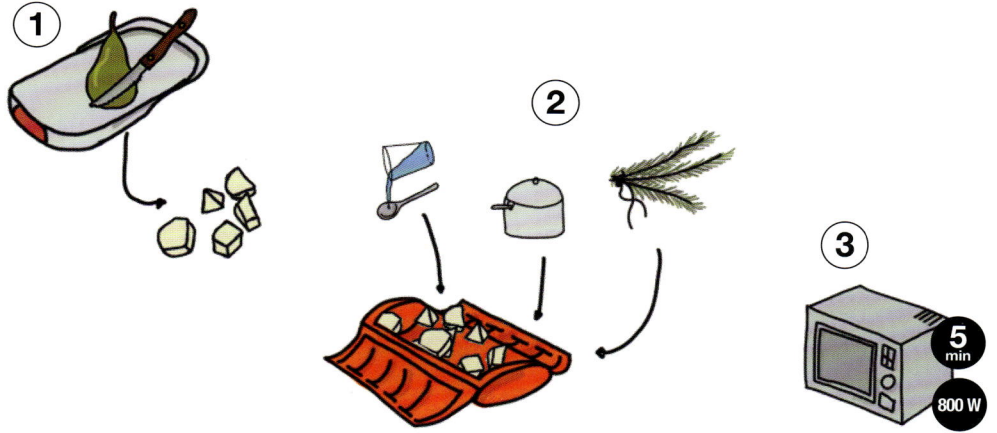

Consejos y trucos

- Si no encuentras romero fresco, puedes emplear o bien romero seco, o bien canela en polvo o cardamomo.
- Es recomendable consumir con frecuencia las frutas con piel, para que nos aporten no sólo vitaminas y minerales, sino también fibra.
- Toma este postre 2 veces a la semana, y no sustituyas tu fruta diaria por postres con azúcar.
- Prueba a mezclar los dados de pera con tus cereales del desayuno o dentro de una natilla o yogur.
- En ocasiones especiales, puedes servir las peras con nata montada y chocolate fundido.

Pastel integral con nueces

 5 min 30 s 4

Ingredientes

 50 ml de aceite de oliva

 50 g de azúcar

 1 huevo

 40 ml de agua

 50 g de harina de trigo integral

 5 g de levadura en polvo

 30 g de nueces troceadas

Preparación

1 Ve añadiendo al Estuche de vapor los ingredientes uno a uno por orden de ingredientes. Cada vez que añadas un ingrediente, mezcla bien hasta homogeneizar. Obtendrás rápidamente una masa.

2 Cierra el Estuche y cocina a máxima potencia (800 W) durante 3 minutos y medio. Cuando termine la cocción, deja 2 minutos de reposo con el Estuche abierto.

3 Para desmoldar procura que los bordes no estén pegados, y si lo están separa con cuidado con una espátula o cuchara. Puedes desmoldar girando directamente el Estuche sobre un plato.

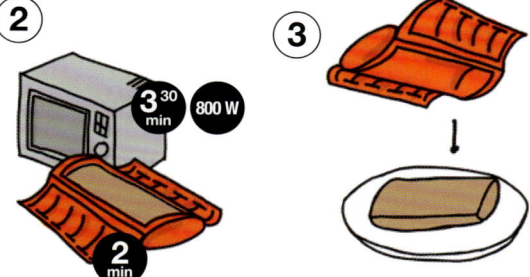

Consejos y trucos

- Puedes usar harina de trigo común, si no tienes harina integral.
- Para decorar, puedes echar nueces por encima del pastel.
- Puedes sustituir el aceite de oliva por aceite de girasol para disminuir la intensidad de sabor, o bien por mantequilla (50 g), para aumentarla. Sigue el mismo procedimiento.
- Si lo descuidas fuera de la nevera mucho tiempo y se te seca, puedes hacer con él un pudín de café (véase página 94-95).
- Córtalo a rebanadas y tuéstalo para el desayuno, o prepara un delicioso sándwich dulce.

Pudín de café

5 min | 4

Ingredientes

- **250 ml** de leche
- **2** huevos
- **60 g** de azúcar
- **60 g** de pan seco (2 rebanadas)
- **2** cafés largos

Preparación

1 Añade el pan y el café al Estuche de vapor, y con la ayuda de un tenedor mezcla hasta que quede todo integrado y el pan se haya desmigado bien.

2 En un bol aparte, mezcla la leche, los huevos y el azúcar. Incorpora la mezcla al Estuche y cocina 5 minutos (800 W).

3 Para desmoldar, gira directamente el Estuche sobre un plato.

Consejos y trucos

- *Si no te gusta el café, no se lo pongas: obtendrás igualmente un pudín fantástico.*
- *Aromatiza tu pudín con canela, piel de limón o vainilla.*
- *Sirve el pudín de café con nata montada y pera al romero (véase página 90).*
- *Si prefieres, lo puedes preparar con trozos de bizcocho, madalenas o galletas.*